A FIRST
SUDOKU
BOOK

JOHN PAZZELLI

Illustrated by
DIANA ZOURELIAS

DOVER PUBLICATIONS, INC.
MINEOLA, NEW YORK

Bibliographical Note

A First Sudoku Book is a new work, first published by Dover Publications, Inc., in 2006.

International Standard Book Number

ISBN-13: 978-0-486-45074-2
ISBN-10: 0-486-45074-0

Manufactured in the United States by LSC Communications
45074018   2020
www.doverpublications.com

NOTE

If you have never done a sudoku puzzle, you are in for a treat! This popular puzzle has fans all over the world. And even if you have done sudokus before, you will find that each puzzle offers a new and exciting challenge. This entertaining book contains 48 sudoku puzzles—the first 24 puzzles use the numbers 1 through 4, and the remaining 24 puzzles use the numbers 1 through 9. What makes this book especially fun to use are the delightful drawings that go with the sudokus!

First, let's take a look at a typical sudoku. You can see that the puzzle itself is one big square, called a "grid." The grid is "4x4"—there are four boxes going down in each column, and four boxes going across in each row. Look carefully and you will find that within the grid are four smaller squares. Each of *these* squares is made up of four boxes —these are "2x2," as they are made up of 2 boxes across, and 2 boxes down.

Here is your challenge: you must fill in the grid so that

1. Every 2x2 square contains the numbers 1 through 4
2. Every column and every row contains the numbers 1 through 4.

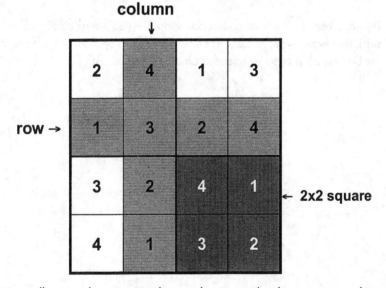

You will notice that a particular number is used only once in a column or row.

The same rules apply to the larger puzzles, which use the numbers 1 through 9—there are nine numbers in each column and nine numbers in each row. There are nine smaller squares within the "9x9" grid. Each of these squares ("3x3") must contain the numbers 1 through 9. Again, each number can be used only once.

column

↓

3	8	1	4	2	5	6	9	7
2	5	6	3	9	7	8	1	4
9	7	4	6	1	8	3	2	5
5	3	9	1	6	2	4	7	8
6	1	7	8	5	4	2	3	9
8	4	2	9	7	3	5	6	1
4	2	8	7	3	1	9	5	6
7	6	5	2	8	9	1	4	3
1	9	3	5	4	6	7	8	2

row → (left)   ← **3x3 square** (right)

Try your very best to complete each sudoku—you'll find that once you start, you won't want to stop! There is a Solutions section at the back of the book, just in case you need a bit of assistance. Enjoy!

Puzzles

3	4	2	3
1	2	3	4
2	1	4	3
4	3	1	2

3	2	1	4
4	1	3	2
1	4	2	3
2	3	4	1

1	3	4	2
2	4	1	3
3	1	2	4
4	2	3	1

	3	4	
2			
			4
		1	

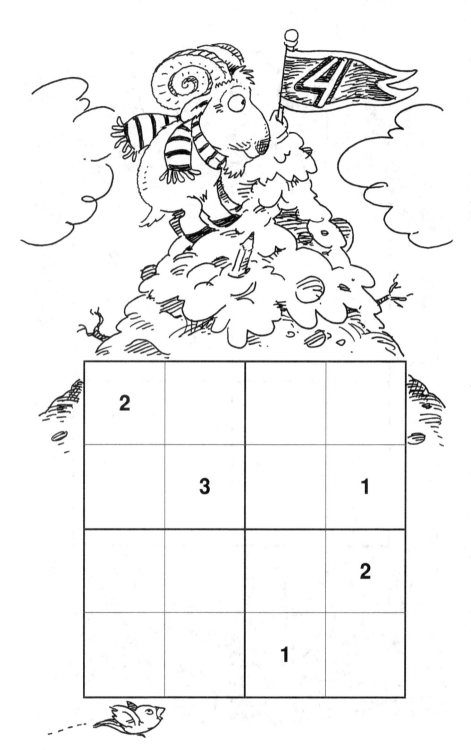

	2		
		1	
			3
	3	2	

4	1		3
	4	1	

3	4		
	2		3
		4	

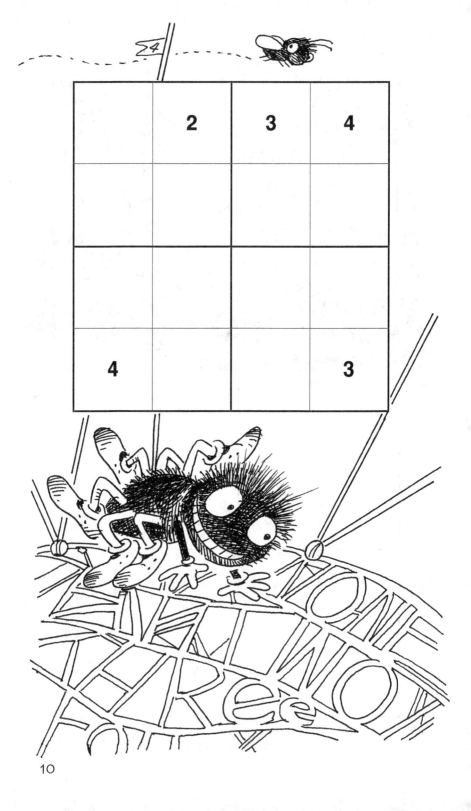

13

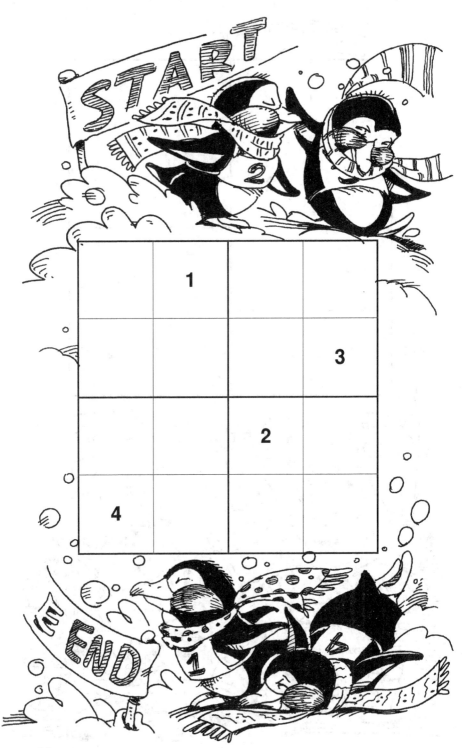

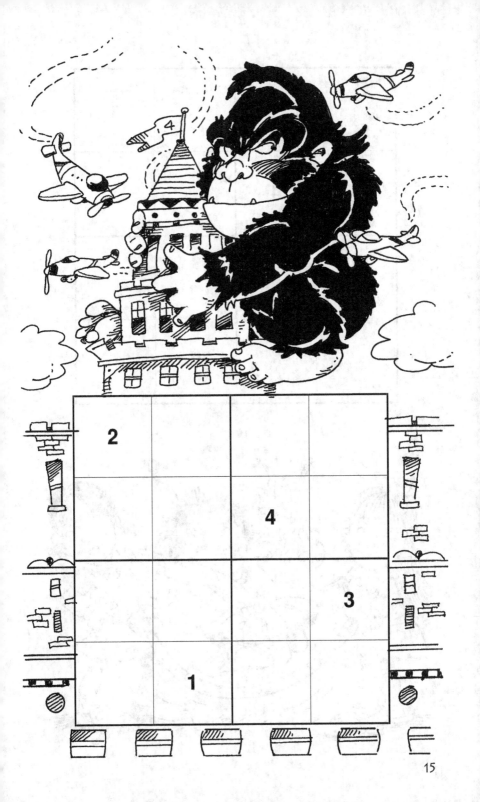

			1
	4		
2			
		3	

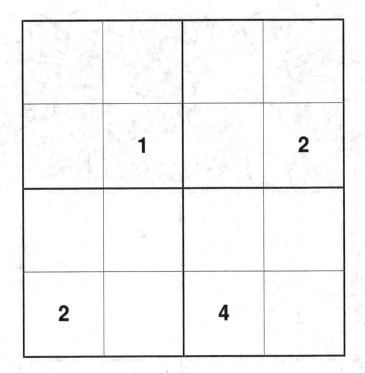

	1		2
2		4	

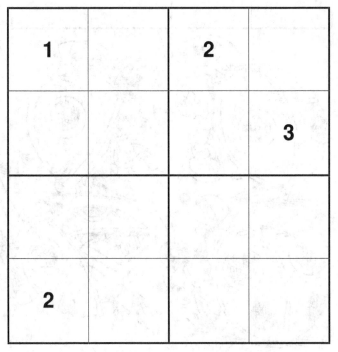

	4		2
		3	1

9	5	6		3			8	
8	3	1				5		2
7	2					1	3	6
1	9			6		3	4	5
2	6	7		4	5	1		
3						2	6	7
6		9		2			7	3
4						6	5	1
	7	3	4			9	2	8

							6	
	9				2		3	1
1	8	7	9					5
8						3	1	7
6	4	1	7				9	2
3	7	2		5	9	4	8	6
7	2	3	6	9	1		5	4
5		8	3	2		1	7	9
9		4	8	7	5	6		3

1	7	6		3	2	4	9	
	3	5	4	7		1		6
4	9	2	1	8	6		3	7
2			6	5	7	3	8	1
7			8	4				2
5	8	3	9		1	6	7	4
	5			6	8	7		9
						2		

6		1						7
9		3						
	7	4					1	8
		5		8				3
2	3		7					6
8	6	7	9		4	1	5	2
	4	8	6		9	5	7	1
	9	6	5	7	3	8	2	
	5	2	8	4	1	3	6	

3	2		7		4	6	9	8
4	7		8	9		1		3
8	6	9		2	1	7	5	4
6	8			4			3	
		3	1			4		
1	4	2	6			5	8	
5	1	8						
	9	4	5	8	2			6
2	3	6						

	8		4	1	7		5	
1		2		9	6	4		3
			8	2	3		7	
	2	3	7	6				
5	9	7	1	4	8			
8	1	6			5		4	
7	3	4	6	8	2		9	1
	6			5				
	5		3	7	1		6	

8	4	1	7	5	3	2	9	
2		9	6	1		4	5	
6	7	5	4		2	1	3	
3		6		4	7	5		
								1
1		7	5	6	4	8	2	3
4			8	7	9	6		
5		8	2		1			9

	4	7	8			9	1	3
	6	8		3		4	7	2
2	3	1	4		9		6	8
	1	2	6					9
								1
1	7	6		4	3		8	5
	9	4	2	1	5	7	3	
3	2	5	7		6	1	9	4

	6		3	8	5	1	9	
		7			4	5	8	2
	8		2	9	7	4	6	3
	7	3		4				1
5	2		7	3	6	9		8
			5	2	1		7	
	4		1	6	2		3	
	1			5	9		2	4
8			4	7	3	6		9

						5	4	
						6		
		1	4	6				9
3	2	6	9	7	1		8	5
7		4	8	3	2	9	6	
8	1		6	5		7	2	
1	6	8			9	3		2
	9					8	7	
4	7		2	8	3	1	9	6

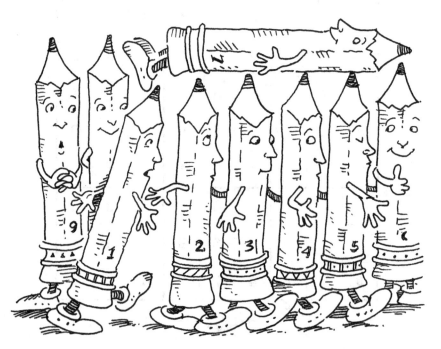

			6	4	7	1		2
6			1	9			5	3
9		1	8	3	5	7	4	6
			2		9	3		4
5		7	4	1	6	9	2	8
		9	3	7				
		8	5	6		2	1	
		2		8	1	4	3	5
	1		7	2	4	6	8	

	5	8					2	1
	7	4	5	1	9	3		8
3	1	6	8		4	9	7	
		2				7	8	3
8		1		7		6	5	4
	3	5	6					9
		9				5	3	7
		7			2	1	4	
	6					8	9	2

	4	6	5	2	9	3	8	7
2	5			4			6	9
	8	3			6	4		
	2	9	8	6		5	3	
3	1	5		9	4	8	7	6
6		8	1		5	2	9	4
	9							5
7	3	1			2	9	4	8

37

	3	4		9	6	7	8	
7	8	5		1	3	6		9
	9			7		2	3	5
4				8		3		2
1	5			6		4	9	
	7	3		4			5	6
	1	6		5		8		4
	2	8				9	1	7
9	4	7				5	6	3

9	1	4	2	6	8	5		3
	6	5	7	1	3			9
2		7	9		5			
	2	1		7	9	4		
3	7	6	4	2	1			
4	9	8	5			7		
6	4	9	1		7			
1	5		3	9	4	6		
	8		6	5		1		

9	7	3	8		5			
4	8	6	7	2		1		
1	2		3	4			8	
3		4	9	7	2	5	6	
8	9	2				4	1	
5	6	7		8	1		9	
	4	9	1	3	7			
2	3	1	5		8		7	
7			2	9	4			

6	8	4		5				
7	9	3	2		6	4	5	
	2	5		7			6	
9	3			4	2		1	
2	5	8	9	1	3			
		7	8	6	5	3	2	
3	4	1	5	2				
	6	9	1	3				
5		2	6	9	8		3	

1		9		7	3	4		
	4		6	8	9			2
6			5	4	1		3	8
9	1				4	8	6	
						2		
7			1					
	9	1	4		7		2	5
2	7	6	9	1		3	8	4
3		4	8	2	6	1	9	7

3					1	9	8	6	
7	1	5		6	4	3	2	
		8	2	3	5			1
2			3		7		8	
					6			
6		7		5	2	9		8
1	8		6	9	3	4	5	7
4	5	9	1	7		6		2

43

			1			6		
4	5		7	6	2		8	1
		9	8	3	4			
5	9	2	3	8	1		6	7
1	3		4	9	7	2		8
8		7		2	5	3		9
		4						
			2		6			
	2	1	5			7	3	6

	7		1		3	2	5	8
	6		4	2	8	9	1	7
	2		9			4		3
			8			7		9
			2		7		3	5
	3		5	4	1	6	8	
			6	8		3	7	1
3				5	9	8	2	4
	4		3		2		9	6

4	5					9		8
		6			9	5	3	1
9	3	2			8			7
6	9	7			3			
2	1				7	4		
5	8	4						
1	2	5	7	6		8	9	3
3	4	8			5	7		6
7	6				1	2	5	

			8					
		8	5	3			4	1
8	7		2	5		4	9	6
3	9	5	4	6			1	7
2	4	6		1	7	5	3	
		4	6	8		3	7	
	5	9	3	2	1		8	4
6	8	3	7	9	4	1	5	

47

1		3	5	8	2	4	6	9
	5	8	1	9			7	3
6	2	9		3	4	1	5	8
			8					
			4		9	3		
	9	6	2		5	8		
	1	4	9	7	8	6	3	5
5	8	7	6	4	3	9		1

Solutions

p.1

3	4	2	1
1	2	3	4
2	1	4	3
4	3	1	2

p.4

1	3	4	2
2	4	3	1
3	1	2	4
4	2	1	3

p.2

3	2	1	4
4	1	3	2
1	4	2	3
2	3	4	1

p.5

4	1	3	2
3	2	4	1
1	4	2	3
2	3	1	4

p.3

1	3	4	2
2	4	1	3
3	1	2	4
4	2	3	1

p.6

2	1	4	3
4	3	2	1
1	4	3	2
3	2	1	4

p.7

1	2	3	4
3	4	1	2
2	1	4	3
4	3	2	1

p.10

1	2	3	4
3	4	1	2
2	3	4	1
4	1	2	3

p.8

2	3	4	1
4	1	2	3
3	4	1	2
1	2	3	4

p.11

1	4	3	2
2	3	4	1
3	1	2	4
4	2	1	3

p.9

3	4	2	1
2	1	3	4
4	2	1	3
1	3	4	2

p.12

1	4	2	3
3	2	4	1
4	3	1	2
2	1	3	4

3	4	2	1
1	2	3	4
2	1	4	3
4	3	1	2

3	2	4	1
1	4	2	3
2	3	1	4
4	1	3	2

3	1	4	2
2	4	1	3
1	3	2	4
4	2	3	1

2	1	4	3
4	3	1	2
1	2	3	4
3	4	2	1

2	4	3	1
1	3	4	2
4	2	1	3
3	1	2	4

4	1	3	2
3	2	4	1
2	4	1	3
1	3	2	4

p.19

3	2	1	4
4	1	3	2
1	4	2	3
2	3	4	1

p.22

3	4	1	2
2	1	4	3
4	2	3	1
1	3	2	4

p.20

1	3	4	2
2	4	3	1
4	2	1	3
3	1	2	4

p.23

4	3	2	1
2	1	3	4
3	4	1	2
1	2	4	3

p.21

1	3	2	4
4	2	1	3
3	1	4	2
2	4	3	1

p.24

4	2	1	3
1	3	4	2
2	1	3	4
3	4	2	1

p.25

9	5	6	1	3	2	7	8	4
8	3	1	6	7	4	5	9	2
7	2	4	8	5	9	1	3	6
1	9	8	2	6	7	3	4	5
2	6	7	3	4	5	8	1	9
3	4	5	9	8	1	2	6	7
6	1	9	5	2	8	4	7	3
4	8	2	7	9	3	6	5	1
5	7	3	4	1	6	9	2	8

p.28

6	2	1	4	5	8	9	3	7
9	8	3	1	6	7	2	4	5
5	7	4	3	9	2	6	1	8
4	1	5	2	8	6	7	9	3
2	3	9	7	1	5	4	8	6
8	6	7	9	3	4	1	5	2
3	4	8	6	2	9	5	7	1
1	9	6	5	7	3	8	2	4
7	5	2	8	4	1	3	6	9

p.26

2	3	5	4	1	7	9	6	8
4	9	6	5	8	2	7	3	1
1	8	7	9	6	3	2	4	5
8	5	9	2	4	6	3	1	7
6	4	1	7	3	8	5	9	2
3	7	2	1	5	9	4	8	6
7	2	3	6	9	1	8	5	4
5	6	8	3	2	4	1	7	9
9	1	4	8	7	5	6	2	3

p.29

3	2	1	7	5	4	6	9	8
4	7	5	8	9	6	1	2	3
8	6	9	3	2	1	7	5	4
6	8	7	2	4	5	9	3	1
9	5	3	1	7	8	4	6	2
1	4	2	6	3	9	5	8	7
5	1	8	4	6	3	2	7	9
7	9	4	5	8	2	3	1	6
2	3	6	9	1	7	8	4	5

p.27

1	7	6	5	3	2	4	9	8
8	3	5	4	7	9	1	2	6
4	9	2	1	8	6	5	3	7
2	4	9	6	5	7	3	8	1
7	6	1	8	4	3	9	5	2
5	8	3	9	2	1	6	7	4
3	5	4	2	6	8	7	1	9
9	2	7	3	1	4	8	6	5
6	1	8	7	9	5	2	4	3

p.30

3	8	9	4	1	7	6	5	2
1	7	2	5	9	6	4	8	3
6	4	5	8	2	3	1	7	9
4	2	3	7	6	9	8	1	5
5	9	7	1	4	8	3	2	6
8	1	6	2	3	5	9	4	7
7	3	4	6	8	2	5	9	1
2	6	1	9	5	4	7	3	8
9	5	8	3	7	1	2	6	4

p.31

8	4	1	7	5	3	2	9	6
2	3	9	6	1	8	4	5	7
6	7	5	4	9	2	1	3	8
3	1	6	9	4	7	5	8	2
7	8	4	3	2	5	9	6	1
9	5	2	1	8	6	3	7	4
1	9	7	5	6	4	8	2	3
4	2	3	8	7	9	6	1	5
5	6	8	2	3	1	7	4	9

p.34

6	3	2	1	9	8	5	4	7
9	4	7	3	2	5	6	1	8
5	8	1	4	6	7	2	3	9
3	2	6	9	7	1	4	8	5
7	5	4	8	3	2	9	6	1
8	1	9	6	5	4	7	2	3
1	6	8	7	4	9	3	5	2
2	9	3	5	1	6	8	7	4
4	7	5	2	8	3	1	9	6

p.32

5	4	7	8	6	2	9	1	3
9	6	8	5	3	1	4	7	2
2	3	1	4	7	9	5	6	8
7	1	2	6	5	8	3	4	9
6	5	3	1	9	4	8	2	7
4	8	9	3	2	7	6	5	1
1	7	6	9	4	3	2	8	5
8	9	4	2	1	5	7	3	6
3	2	5	7	8	6	1	9	4

p.35

8	5	3	6	4	7	1	9	2
6	7	4	1	9	2	8	5	3
9	2	1	8	3	5	7	4	6
1	8	6	2	5	9	3	7	4
5	3	7	4	1	6	9	2	8
2	4	9	3	7	8	5	6	1
4	9	8	5	6	3	2	1	7
7	6	2	9	8	1	4	3	5
3	1	5	7	2	4	6	8	9

p.33

2	6	4	3	8	5	1	9	7
9	3	7	6	1	4	5	8	2
1	8	5	2	9	7	4	6	3
6	7	3	9	4	8	2	5	1
5	2	1	7	3	6	9	4	8
4	9	8	5	2	1	3	7	6
7	4	9	1	6	2	8	3	5
3	1	6	8	5	9	7	2	4
8	5	2	4	7	3	6	1	9

p.36

9	5	8	3	6	7	4	2	1
2	7	4	5	1	9	3	6	8
3	1	6	8	2	4	9	7	5
6	4	2	1	9	5	7	8	3
8	9	1	2	7	3	6	5	4
7	3	5	6	4	8	2	1	9
1	2	9	4	8	6	5	3	7
5	8	7	9	3	2	1	4	6
4	6	3	7	5	1	8	9	2

p.37

1	4	6	5	2	9	3	8	7
2	5	7	3	4	8	1	6	9
9	8	3	7	1	6	4	5	2
4	2	9	8	6	7	5	3	1
3	1	5	2	9	4	8	7	6
6	7	8	1	3	5	2	9	4
8	9	2	4	7	3	6	1	5
7	3	1	6	5	2	9	4	8
5	6	4	9	8	1	7	2	3

p.40

9	7	3	8	1	5	2	4	6
4	8	6	7	2	9	1	5	3
1	2	5	3	4	6	7	8	9
3	1	4	9	7	2	5	6	8
8	9	2	6	5	3	4	1	7
5	6	7	4	8	1	3	9	2
6	4	9	1	3	7	8	2	5
2	3	1	5	6	8	9	7	4
7	5	8	2	9	4	6	3	1

p.38

2	3	4	5	9	6	7	8	1
7	8	5	2	1	3	6	4	9
6	9	1	4	7	8	2	3	5
4	6	9	1	8	5	3	7	2
1	5	2	3	6	7	4	9	8
8	7	3	9	4	2	1	5	6
3	1	6	7	5	9	8	2	4
5	2	8	6	3	4	9	1	7
9	4	7	8	2	1	5	6	3

p.41

6	8	4	3	5	1	7	9	2
7	9	3	2	8	6	4	5	1
1	2	5	4	7	9	8	6	3
9	3	6	7	4	2	5	1	8
2	5	8	9	1	3	6	4	7
4	1	7	8	6	5	3	2	9
3	4	1	5	2	7	9	8	6
8	6	9	1	3	4	2	7	5
5	7	2	6	9	8	1	3	4

p.39

9	1	4	2	6	8	5	7	3
8	6	5	7	1	3	2	4	9
2	3	7	9	4	5	8	6	1
5	2	1	8	7	9	4	3	6
3	7	6	4	2	1	9	5	8
4	9	8	5	3	6	7	1	2
6	4	9	1	8	7	3	2	5
1	5	2	3	9	4	6	8	7
7	8	3	6	5	2	1	9	4

p.42

1	8	9	2	7	3	4	5	6
5	4	3	6	8	9	7	1	2
6	2	7	5	4	1	9	3	8
9	1	2	7	5	4	8	6	3
4	6	5	3	9	8	2	7	1
7	3	8	1	6	2	5	4	9
8	9	1	4	3	7	6	2	5
2	7	6	9	1	5	3	8	4
3	5	4	8	2	6	1	9	7

p.43

3	2	4	7	1	9	8	6	5
7	1	5	8	6	4	3	2	9
9	6	8	2	3	5	7	4	1
2	9	1	3	4	7	5	8	6
5	4	6	9	8	1	2	7	3
8	7	3	5	2	6	1	9	4
6	3	7	4	5	2	9	1	8
1	8	2	6	9	3	4	5	7
4	5	9	1	7	8	6	3	2

p.46

4	5	1	3	7	6	9	2	8
8	7	6	4	2	9	5	3	1
9	3	2	1	5	8	6	4	7
6	9	7	5	4	3	1	8	2
2	1	3	9	8	7	4	6	5
5	8	4	6	1	2	3	7	9
1	2	5	7	6	4	8	9	3
3	4	8	2	9	5	7	1	6
7	6	9	8	3	1	2	5	4

p.44

2	7	8	1	5	9	6	4	3
4	5	3	7	6	2	9	8	1
6	1	9	8	3	4	5	7	2
5	9	2	3	8	1	4	6	7
1	3	6	4	9	7	2	5	8
8	4	7	6	2	5	3	1	9
7	6	4	9	1	3	8	2	5
3	8	5	2	7	6	1	9	4
9	2	1	5	4	8	7	3	6

p.47

5	1	7	8	4	6	9	2	3
9	6	8	5	3	2	7	4	1
4	3	2	1	7	9	8	6	5
8	7	1	2	5	3	4	9	6
3	9	5	4	6	8	2	1	7
2	4	6	9	1	7	5	3	8
1	2	4	6	8	5	3	7	9
7	5	9	3	2	1	6	8	4
6	8	3	7	9	4	1	5	2

p.45

4	7	9	1	6	3	2	5	8
5	6	3	4	2	8	9	1	7
8	2	1	9	7	5	4	6	3
1	5	2	8	3	6	7	4	9
6	8	4	2	9	7	1	3	5
9	3	7	5	4	1	6	8	2
2	9	5	6	8	4	3	7	1
3	1	6	7	5	9	8	2	4
7	4	8	3	1	2	5	9	6

p.48

1	7	3	5	8	2	4	6	9
4	5	8	1	9	6	2	7	3
6	2	9	7	3	4	1	5	8
9	3	2	8	6	7	5	1	4
8	4	5	3	2	1	7	9	6
7	6	1	4	5	9	3	8	2
3	9	6	2	1	5	8	4	7
2	1	4	9	7	8	6	3	5
5	8	7	6	4	3	9	2	1